Hilder Abur

Perceção do desafio no ambiente de trabalho por parte dos trabalhadores expatriados

Hilder Abur

Perceção do desafio no ambiente de trabalho por parte dos trabalhadores expatriados

ScienciaScripts

Cover image: www.ingimage.com

This book is a translation from the original published under ISBN 978-3-659-89360-5.

Publisher:
Sciencia Scripts
is a trademark of
Dodo Books Indian Ocean Ltd. and OmniScriptum S.R.L publishing group

120 High Road, East Finchley, London, N2 9ED, United Kingdom
Str. Armeneasca 28/1, office 1, Chisinau MD-2012, Republic of Moldova, Europe
Managing Directors: Ieva Konstantinova, Victoria Ursu
info@omniscriptum.com

Printed at: see last page
ISBN: 978-620-8-56722-4

AVISO DE RECEPÇÃO

Este estudo foi possível graças ao encorajamento e apoio de várias pessoas a quem tenho uma dívida de gratidão. Um agradecimento especial ao meu orientador de tese, o Professor Ko'bonyo, que me guiou pacientemente ao longo deste projeto. Trabalhou arduamente e durante horas extraordinárias para garantir que o projeto atingisse o nível académico profissional exigido.

Gostaria também de agradecer aos professores da Escola de Gestão da Universidade de Nairobi e, em especial, ao Sr. George Omondi pelo seu constante encorajamento e ajuda para manter o calendário em conformidade com os nossos objectivos.

Estou igualmente grato ao Centro de Desenvolvimento Sainta Magarita e ao pessoal do CISP/CEFA, o nosso parceiro doador, pelo apoio prestado para garantir que tudo corresse bem durante o estudo. Gostaria também de agradecer a todos os expatriados das várias ONG de Nairobi que participaram no estudo. A vossa contribuição foi crucial para o sucesso deste estudo.

Gostaria de agradecer especialmente à minha família pelo seu apoio, ajuda e orações durante o estudo. Estou muito grata ao meu querido marido pelo seu precioso apoio e compreensão durante os meus estudos. Aos meus filhos, que me aturaram durante as longas horas passadas na biblioteca. Ficar-vos-ei eternamente grata.

Acima de tudo, agradeço a Deus Todo-Poderoso pela sua provisão, favor e graça na realização deste projeto de investigação e pela sua proteção durante os meus estudos na Universidade de Nairobi.

ÍNDICE DE CONTEÚDOS

RESUMO

Este estudo procurou descobrir a forma como os trabalhadores expatriados percepcionam os desafios do seu ambiente de trabalho no sector das ONG em Nairobi, no Quénia. A pergunta do estudo era: Como é que os trabalhadores expatriados que trabalham no sector das ONG no Quénia respondem aos desafios do seu ambiente de trabalho? O estudo utilizou a teoria do ajustamento pessoa-ambiente e a teoria da adaptação ao choque cultural para explicar as estratégias utilizadas pelos expatriados para fazer face aos desafios do seu ambiente de trabalho. Por conseguinte, a conceção da investigação utilizada para o estudo foi um inquérito descritivo com uma população-alvo de 2394 ONG sediadas em Nairobi. A amostra do estudo era constituída por 120 expatriados, embora apenas 84 tenham participado no estudo final, de 60 ONG. O estudo utilizou questionários para recolher os dados e utilizou o SPSS para analisar e apresentar os resultados. Verificou-se que os trabalhadores expatriados que trabalham em ONG quenianas respondem aos desafios do seu ambiente de trabalho encontrando uma adequação entre a cultura queniana e a do seu país. Contudo, existe por vezes um grande conflito entre as duas culturas, o que dificulta a adaptação dos expatriados. Estes encontraram estratégias para interagir com os locais, o que melhorou a sua comunicação e a sua capacidade de trabalhar nas tarefas que lhes foram atribuídas. Nos casos em que a conversação na língua local se revelou difícil, os expatriados recorreram à ajuda de intérpretes locais. Como estes expatriados parecem ter-se adaptado bem à sociedade queniana, podem ser uma grande fonte de força para outros que venham para este país ou para outros países para tarefas semelhantes ou outras. Além disso, podem ser utilizados pelos quenianos expatriados para os ajudar a enfrentar os desafios que os possam afetar noutros países. Além disso, como o estudo revelou que a maioria dos expatriados são pessoas com uma vasta experiência em missões internacionais, podem servir de pilar para os jovens expatriados, pois podem ajudá-los a adaptarem-se aos desafios que podem surgir no seu ambiente de trabalho.

CAPÍTULO UM: INTRODUÇÃO

1.1 : Antecedentes do estudo

Num mundo empresarial em crescente mutação, as ONG estão a criar filiais no estrangeiro e a estabelecer joint-ventures e alianças estratégicas, a fim de se implantarem no mercado internacional e beneficiarem dos recursos de produção. Muitas das oportunidades e desafios associados à globalização criam uma necessidade de expatriados para localizar gestores e trabalhadores qualificados em locais internacionais. No entanto, a tarefa de empregar expatriados é complicada pelas profundas diferenças entre países em termos de mercados de trabalho, cultura, sistemas jurídicos e económicos (Hill, 2007). Neste ambiente internacional, a qualidade dos trabalhadores e gestores expatriados parece ser ainda mais crítica do que nas operações nacionais.

As ONG de todas as dimensões (pequenas, médias ou grandes) que têm filiais em países estrangeiros são confrontadas com o problema da formação, seleção, remuneração e reintegração de gestores expatriados. Apesar deste problema, estes gestores expatriados contribuem significativamente para a realização dos objectivos da ONG e, por isso, a sua importância não deve ser negligenciada (Treven, 2003). Os expatriados são cidadãos de um país que trabalham e têm filiais em países estrangeiros. Os expatriados são também utilizados para identificar um subconjunto de expatriados que são cidadãos de um país estrangeiro que trabalham no país de origem da sua ONG empregadora (Hill, 2007; Harvey & Fung, 2000). Estes expatriados são enviados para um país estrangeiro pelas ONG para controlar as suas operações e prestar serviços técnicos e administrativos (Jun, et al., 2001).

Para além de acompanhar e controlar a distribuição financeira e os lucros da empresa, espera-se que um expatriado alargue os seus conhecimentos e competências na transferência de tecnologia (Shephard, 1996). Espera-se que os expatriados tragam novos conhecimentos aos locais de trabalho para que estes os possam adaptar, o que suscita grande respeito por parte dos locais de trabalho. O papel de um expatriado é considerado como sendo distintamente significativo, uma vez que a sua principal tarefa é atuar na manutenção da estrutura organizacional e da filosofia das empresas multinacionais (EMNs), seguindo as regras e regulamentos de trabalho. No sector público, os expatriados ocupam sobretudo postos diplomáticos em embaixadas estrangeiras ou como consultores de agências governamentais, enquanto no sector privado os gestores expatriados são sobretudo empregados de empresas.

Um expatriado que trabalha para multinacionais gerindo operações comerciais.

1.1.1: Desafios enfrentados pelos trabalhadores expatriados no seu ambiente de trabalho

A expatriação para outro país no âmbito de uma missão internacional depara-se frequentemente com uma série de dificuldades. Estas dificuldades podem pôr em causa a missão internacional, especialmente se o expatriado se sentir isolado e sozinho no país de acolhimento (Selmer, 2001). A adaptação a um novo país pode ser difícil, especialmente quando as coisas familiares a que o expatriado se habituou já não são as mesmas no país de acolhimento. A cultura é um dos principais factores que contribuem para a adaptação e o sentimento de isolamento do expatriado (Hayes, 1996). Por conseguinte, é importante estar sensível e consciente das diferenças culturais e da forma como estas afectam os sentimentos de isolamento e, em última análise, o sucesso da missão (Moss, 2000).

O choque cultural é um fenómeno que envolve a desorientação emocional que uma pessoa sofre quando se muda para um país estrangeiro onde não está familiarizada com o seu novo ambiente (Hayes, 1996). O choque cultural envolve a perda súbita do que é familiar, resultando numa perda de identidade e numa sensação de isolamento. Quando um indivíduo entra numa cultura estrangeira, a maioria ou todos os pontos de referência familiares com os quais viveu toda a sua vida são removidos (Gordon, 2003). A perda destes pontos de referência faz com que o indivíduo se sinta como um "peixe fora de água". Muitas vezes, quando uma pessoa se muda para um país estrangeiro, há um período de excitação em que tudo parece novo e estimulante. No início, as semelhanças entre culturas são mais óbvias do que as diferenças (Selmer, 2001). Toda a gente parece ter a mesma rotina e o mesmo estilo de vida (Kitsuse, 1992). Só no final deste período de acolhimento é que o recém-chegado começa a aperceber-se de que existe um número infinito de diferenças subtis que lhe colocam problemas.

Para os expatriados, as diferenças linguísticas podem tornar-se um problema durante as transacções comerciais, em que é importante uma comunicação clara (Dolainski, 1997). Muitas vezes, o expatriado tem à sua disposição um intérprete. No entanto, numa cultura de elevado contexto, um intérprete pode dificultar o trabalho internacional (Dolainski, 1997) e criar um triângulo relacional. Por outras palavras, o expatriado faz uma pergunta, o intérprete interpreta a pergunta para o cliente ou colega local, que pode então falar com o intérprete durante algum tempo, apontando os problemas que tem com a pergunta do expatriado. O intérprete responde então ao expatriado com algumas palavras ou frases (Dolainski, 1997). Como resultado, podem perder-se informações importantes na tradução, o que pode comprometer a missão. Além disso, as relações comerciais baseiam-se na confiança, e um expatriado que não fale a língua local terá muita dificuldade em demonstrar credibilidade perante os colegas e/ou clientes locais. Se a credibilidade do expatriado não puder ser demonstrada, existe o risco de os locais nunca o deixarem juntar-se ao grupo. Este facto reforça o conceito "nós e eles", que pode comprometer uma empresa comum que depende da confiança e da boa fé (Mead, 1990).

As mulheres expatriadas enfrentam o desafio adicional de ultrapassar a perceção dos papéis femininos na cultura de acolhimento, para além das diferenças culturais (Cook, 2000), pelo que pode ser muito difícil para uma mulher expatriada concorrer a um cargo historicamente dominado pelos homens. Além disso, as empresas têm muitas vezes relutância em enviar mulheres expatriadas porque estão preocupadas com a sua segurança, isolamento e solidão (Halcrow, 1999). As empresas também têm relutância em enviar mulheres para o estrangeiro porque acreditam que os estrangeiros teriam preconceitos contra as mulheres e que as gestoras não teriam sucesso mesmo que fossem enviadas (Meckman, 2002). As empresas baseiam estas suposições em dois mitos: o que lêem ou ouvem sobre a forma como as mulheres locais são tratadas no local de trabalho e a forma como as mulheres em geral são tratadas pelos colegas homens no local de trabalho no país de origem (Cook, 2000).

1.1.2: Percepções dos expatriados sobre os desafios do seu ambiente de trabalho

Para que os expatriados se adaptem às condições de vida actuais, são necessários vários ajustamentos. A duração e o sucesso do processo de aculturação dependem da capacidade do indivíduo para se adaptar à nova cultura. Nem todos os expatriados reagem ativamente ao choque cultural. Por outras palavras, nem todos os expatriados procuram compreender as nuances culturais do país de acolhimento e utilizar essa informação para melhorar as suas relações profissionais e pessoais. Gordon (2003) observa que as vítimas de choque cultural podem adotar vários comportamentos extremos: podem renunciar à sua própria identidade e tentar imitar todos os costumes e atitudes da cultura de acolhimento, ou resolver o problema entrando na sua concha e recusando-se a aprender a língua local e a fazer amizade com pessoas da cultura local. Estes últimos só procuram e fazem amizade com outros expatriados ou pessoas de uma cultura semelhante à sua. Em geral, procuram outros expatriados para lhes proporcionar uma rede de apoio, ao mesmo tempo que se queixam de certos comportamentos estranhos que os habitantes locais adoptam, sem tentarem realmente compreendê-los (Crookes e Thomas 1998).

O tema controverso dos clubes ou guetos de expatriados tem sido discutido em termos da rede de apoio que oferecem ao expatriado desenraizado do seu país de origem e mergulhado num ambiente desconhecido (Moss, 2000). No entanto, também se argumenta que os clubes podem dificultar a integração na cultura de acolhimento, reforçando os estereótipos do expatriado infeliz em relação aos seus homólogos locais (Melles, 2000). Isto terá consequências negativas para as relações comerciais, uma vez que os expatriados acreditam em estereótipos e comportam-se de forma a criar profecias auto-realizáveis desses estereótipos.

Os expatriados sentem-se muitas vezes desconfortáveis durante o processo inicial de transição. A falta de coisas e pessoas familiares leva o expatriado a procurar certas coisas no país de acolhimento para substituir essas perdas. Isto pode encorajar os expatriados a socializar apenas com certos grupos de pessoas, por exemplo outros australianos, ou pessoas que partilham os mesmos valores e atitudes culturais que o próprio expatriado (Moss, 2000), o que resulta frequentemente numa aglomeração de expatriados que se reúnem em clubes de expatriados ou noutros locais sociais.

Estudos sobre o sucesso de expatriados em missões internacionais mostraram que o apoio social é um dos factores que contribuem para esse sucesso, para além de caraterísticas pessoais como as atitudes e a orientação pessoal (Foster, 2000). Este facto confirma igualmente o estudo que demonstrou que o apoio organizacional da empresa-mãe está positivamente relacionado com o ajustamento global (Hutchings e Ratnasari, 2006). Por conseguinte, o apoio dos pares, dos cônjuges e da organização em que os expatriados trabalham tem-se revelado positivo para a sua adaptação. Para além dos amigos, outras fontes podem também ser úteis. A aquisição de informações sobre o país de acolhimento antes e depois da chegada ajuda a criar expectativas sobre o novo país em geral. Isto atenuará o choque cultural e, ao mesmo tempo, permitirá uma melhor compreensão do comportamento local durante as interações entre expatriados e habitantes locais. De acordo com Tung (1998), os expatriados precisam de se sentir atraídos e familiarizados com o país de acolhimento para se adaptarem a uma nova cultura. Trata-se de uma forma de ajustamento antecipatório, tal como referido por Black et al (1999), que consiste em ter expectativas precisas sobre o país. De acordo com Tahir e Ismail (2007), a utilização dos conhecimentos adquiridos em experiências anteriores de missões no estrangeiro ajuda os expatriados a adaptarem-se. Estes foram confrontados com diferenças culturais em termos de religião, língua e estilo de vida noutras sociedades. Estas experiências facilitaram, em certa medida, a sua adaptação. De facto, os resultados mostram que as experiências anteriores dos expatriados noutros países os levaram a um melhor processo de adaptação. Bell e Harrison (1996) associam este método à "teoria do contacto", que sugere que a interação interpessoal entre pessoas de culturas diferentes pode levar à compreensão e à adaptação, porque reconhece que o expatriado deve comportar-se numa determinada situação.

1.1.3 : Organizações não governamentais em Nairobi, Quénia

As organizações não governamentais (ONG) são organizações legalmente constituídas, criadas por pessoas singulares e colectivas que operam independentemente de qualquer forma de governo. O termo tem origem nas Nações Unidas e refere-se normalmente a organizações que não fazem parte de um governo e que não são empresas convencionais com fins lucrativos. Nos casos em que as ONG são total ou parcialmente financiadas pelo governo, a ONG mantém o seu estatuto não governamental excluindo os representantes do governo da sua composição. O termo é geralmente aplicado apenas a organizações que prosseguem objectivos sociais mais amplos e têm aspectos políticos, mas não são organizações abertamente políticas, como os partidos políticos (Mbote, 2002).

O crescimento quantitativo e qualitativo das ONG no Quénia durante o último quarto do século XX foi enorme. Por exemplo, as ONG registaram um crescimento cumulativo de mais de 100% entre

1977 e 1987. Em 1995, existiam pelo menos 23.000 organizações de mulheres no país. A maioria destas organizações está registada no Ministério da Cultura e dos Serviços Sociais. As ONG registadas pelo Gabinete de Coordenação das ONG em 2014 eram 5607 a nível local e 2394 a nível internacional, em comparação com 1441 em 2000-2002 e apenas 250 em 1993. Estas organizações promoveram várias actividades de desenvolvimento no país, apesar dos muitos desafios que enfrentam no seu novo ambiente de trabalho (Relatório do Conselho Nacional das ONG, 2014).

As ONG no Quénia são constituídas por ONG internacionais, regionais e nacionais que operam no Quénia e trabalham com um grande número de organizações e grupos de base comunitária. Estas ONG desenvolvem a sua atividade em sectores transversais como a agricultura, a água, a educação, o ambiente, a saúde, os direitos humanos, a luta contra a pobreza, a paz, a população, a formação, a consultoria, as pequenas empresas, a deficiência e muitos outros. Os actuais desafios sociais, económicos e políticos que o Quénia enfrenta justificam a necessidade de um sector de ONG forte e dinâmico para complementar os esforços de desenvolvimento do governo. Todaro (2003) define o desenvolvimento como um processo multidimensional que implica grandes mudanças nas estruturas sociais, nas atitudes populares e nas instituições nacionais, bem como a aceleração do crescimento económico, a redução das desigualdades e a erradicação da pobreza.

O Conselho Nacional das ONG do Quénia proporciona uma liderança global ao sector das ONG e defende os valores fundamentais da transparência, responsabilidade, justiça e governação. Reforça a autorregulação dos seus membros e ajuda-os a concretizar o seu potencial, melhorando os serviços que reforçam o estatuto socioeconómico da sociedade queniana na procura de um desenvolvimento sustentável. Infelizmente, o sector das ONG no Quénia é fraco. O Diretor do Conselho Nacional das ONG declarou que "a gestão destas organizações está repleta de desafios, tais como a falta de fundos para atrair e manter pessoal profissional de alta qualidade capaz de proporcionar uma liderança credível e eficaz às organizações não governamentais no Quénia" (Conselho Nacional das ONG).

Relatório da ONG, 2014).

1.2. Problema de investigação

Nos últimos anos, foram criadas muitas novas ONG, algumas por indivíduos, outras por organizações, e outras ainda são ONG existentes que expandiram as suas actividades no Quénia. Com o acesso à Internet e a cobertura televisiva diária da crise no país, os apoiantes destas ONG esperam resultados visíveis imediatos, independentemente do facto de as pessoas enviadas como expatriados para supervisionar estas actividades no local poderem estar incapacitadas de várias formas. Na maior parte das vezes, as pessoas enviadas para a criação de programas têm pouca formação e um conhecimento mínimo do país, o que contribui para a súbita perturbação da interação cultural. Com apenas dinheiro e boas intenções, têm também de recrutar cidadãos anglófonos altamente qualificados para gerir os programas em paralelo (Barber e Bowie, 2008).

Para atenuar os danos causados pelas boas intenções das organizações, os expatriados desenvolveram várias tácticas de sobrevivência para fazer face a estes desafios. Para eles, a forma mais eficaz de lidar com o isolamento e o choque cultural é desenvolver uma boa relação de trabalho com o governo nacional e o pessoal local da organização. Podem também utilizar os organismos de coordenação das ONG para criar comités e grupos de trabalho para sectores de atividade e questões fundamentais (2010).

Uma avaliação dos estudos anteriores neste domínio é bastante limitada e os poucos estudos existentes mostram que Marcuello (2006) procurou identificar os problemas organizacionais das organizações não governamentais e as soluções para ajudar a desenvolver uma nova estratégia para a ONG. O autor concluiu que os problemas enfrentados pelas ONG são os processos de tomada de decisão, as tensões que ocorrem frequentemente entre o pessoal e a direção, a governação das organizações e as relações entre os membros do conselho de administração e o pessoal. Muriuki (2012) identificou factores que influenciam o ajustamento cultural dos expatriados no hospital universitário Aga khan, no Quénia. O estudo concluiu que os expatriados estão satisfeitos com a formação cultural ministrada pela organização, estão satisfeitos com a participação em muitos eventos da comunidade local e estão satisfeitos com as suas funções durante a sua afetação. Kangethe (2002) estudou a utilização de expatriados pelo Barclays Bank no Quénia para transferir competências de gestão como estratégia de entrada. Concluiu que o desempenho organizacional melhorou quando os expatriados partilharam as melhores práticas com o pessoal local, o que levou a uma melhoria da qualidade do serviço através da transferência de competências globais. No presente estudo, o investigador avaliou as estratégias de resposta adoptadas pelos expatriados para fazer face aos desafios do seu ambiente de trabalho no sector das ONG quenianas. A pergunta do estudo era: "Como é que os expatriados que trabalham em ONG quenianas encaram os desafios do seu ambiente de trabalho?

1.3. Objetivo da investigação

O objetivo deste estudo era determinar as estratégias utilizadas pelos expatriados que trabalham no sector das ONG no Quénia para enfrentar os desafios do seu ambiente de trabalho.

1.4. Valor do estudo

O autor reconheceu a importância da experiência internacional no desenvolvimento pessoal e profissional e estava interessado na experiência internacional do pessoal estrangeiro que trabalha no Quénia. Ao realizar este estudo, o investigador pretendia, portanto, dar um novo impulso ao campo da experiência dos expatriados no Quénia, em particular no sector das ONG. Isto ajudaria as ONG a compreender as dificuldades encontradas pelos expatriados quando realizam missões no seu ambiente nebuloso e, assim, a desenvolver um sistema de apoio aos estrangeiros.

O Conselho das ONG seria informado sobre os domínios a privilegiar aquando da revisão das suas políticas para harmonizar as operações das ONG no país e a sua relação com o governo. O Conselho estaria também estrategicamente posicionado para garantir que o bem-estar do pessoal estrangeiro no seu sector fosse abordado num quadro político com os intervenientes no terreno. Para os académicos, este estudo constitui uma base sobre a qual poderiam ser realizados estudos futuros para melhorar a literatura na área dos expatriados e do sector das ONG em particular. Constitui igualmente uma plataforma que permitirá fazer referência aos desafios que os expatriados enfrentam e à forma como os percepcionam.

CAPÍTULO DOIS: REVISÃO DA LITERATURA

2.1. Introdução

Neste capítulo, foi analisada a literatura relevante sobre expatriados. Foi revista a literatura sobre a teoria do ajustamento pessoa-ambiente, a teoria do choque cultural da adaptação, os desafios enfrentados pelos expatriados no ambiente de trabalho e a forma como os percepcionam.

2.2. Base teórica

O estudo utilizou a teoria da adaptação ao ambiente pessoal e a teoria do choque cultural para explicar como os expatriados percepcionam os desafios que encontram no seu ambiente de trabalho.

2.2.1 A teoria da adaptação pessoa-ambiente

O quadro de referência, a teoria da adaptação pessoa-ambiente (PE), é uma teoria que fornece uma compreensão do processo pelo qual os membros da organização se adaptam ao seu ambiente de trabalho. A teoria proposta por French, Rodgers e Cobb (1974) define a adequação pessoa-ambiente como um tipo específico de interação pessoa-situação que envolve a adequação entre as dimensões correspondentes da pessoa e do ambiente, ou a compatibilidade entre pessoas e organizações que ocorre quando pelo menos uma entidade fornece o que a outra precisa, partilha caraterísticas fundamentais semelhantes, ou ambas. De um modo geral, o ajustamento pessoa-ambiente (APE) é definido como o grau de concordância entre as caraterísticas individuais e ambientais (Zimmerman e Johnson, 2005).

As caraterísticas da pessoa podem incluir as necessidades biológicas ou psicológicas, os valores, os objectivos, as capacidades ou a personalidade de um indivíduo, enquanto as caraterísticas do ambiente podem incluir recompensas intrínsecas e extrínsecas, as exigências de um emprego ou função, valores culturais ou as caraterísticas de outros indivíduos e colectivos no ambiente social do indivíduo (French et al., 1982). O presente estudo refere-se à resposta dos expatriados aos desafios (pessoa-ambiente) que descrevem a adaptação ao ambiente de trabalho (fit) em termos de três componentes: factores", "mecanismos" e "resultados".

Os factores são os determinantes da adaptação, tais como as caraterísticas individuais e organizacionais. Os mecanismos são os meios através dos quais são alcançados determinados resultados de adaptação. Os mecanismos de adaptação foram conceptualizados em termos de estratégias de aprendizagem e de adaptação e, a um nível mais geral, por "modos" de adaptação. Os "resultados" da adaptação referem-se ao estado de adaptação (Aycan, 1997). Por conseguinte, a teoria do ajustamento pessoa-ambiente aplica-se aqui como o meio através do qual são alcançados determinados resultados de ajustamento e é entendida principalmente como os comportamentos que os expatriados utilizam para aumentar o ajustamento e reduzir o conflito entre as exigências ambientais e as inclinações pessoais no seu ambiente de trabalho.

Nesta perspetiva, o mecanismo de ajustamento diz respeito ao processo de adaptação, às estratégias e aos comportamentos utilizados para lidar com o ambiente estrangeiro e alcançar o bem-estar psicológico (Stahl, 2000). As estratégias de adaptação podem, portanto, ser vistas como os comportamentos de ajustamento do expatriado que servem para conseguir uma correspondência entre o eu e o ambiente de trabalho. O expatriado deve adquirir novas informações e novos repertórios comportamentais para poder funcionar no ambiente estrangeiro. Mais uma vez, estes podem ser vistos como tipos específicos de comportamentos de ajustamento utilizados para reduzir o fosso entre o eu e o ambiente. Consideramos, portanto, que os expatriados se adaptam tomando consciência de como os locais se comportam em determinadas situações, desenvolvendo um mapa cognitivo de comportamentos que parecem apropriados no novo ambiente, adoptando os novos comportamentos e adaptando-os à luz de experiências positivas ou negativas no seu ambiente de trabalho.

2.2.2. A teoria do choque cultural na adaptação

A teoria da adaptação ao choque cultural é uma teoria que se baseia na reflexão sobre as adaptações culturais, o choque cultural e as "curvas de ajustamento". Um dos conceitos mais poderosos, práticos e produtivos no domínio do intercâmbio educativo internacional é o de "choque cultural", descrito como as reacções físicas, psicológicas e comportamentais que ocorrem frequentemente quando os indivíduos tentam viver, trabalhar ou estudar em contextos culturais desconhecidos. O choque cultural continua a ser um conceito central nos domínios da antropologia, da psicologia e da comunicação intercultural, e é quase universalmente referido na formação de orientação e reintegração, tanto no ensino no estrangeiro (Church 1982) como nas empresas (Black e Mendenhall 1991).

As curvas "U" e "W" dos modelos de ajustamento apareceram e evoluíram a par do conceito de "choque cultural", geralmente acompanhadas de ilustrações visuais que pretendiam descrever e mesmo prever uma trajetória "típica" que tais encontros stressantes produziriam. Embora o choque cultural continue a ser uma ferramenta teórica e explicativa viável e útil, as "curvas" paralelas não resistiram tão bem, apesar do seu estatuto quase icónico junto dos formadores e do público em geral. Em suma, as "curvas" não resistiram aos testes empíricos críticos e à investigação.

Enquanto categoria teórica, o choque cultural é uma construção teórica relativamente recente, embora os comportamentos associados ao desconforto de atravessar fronteiras culturais remontem à literatura grega clássica. Em 1951, a antropóloga Cora DuBois utilizou pela primeira vez publicamente o termo 'choque cultural' para descrever a experiência desorientadora que muitos antropólogos enfrentam quando entram em culturas diferentes (Paige 1993), embora Ruth

Benedict, uma antropóloga da Universidade de Columbia, possa ter sido a fonte original do termo. Em 1954, Oberg (1954) utilizou e alargou o termo de DuBois para se aplicar a todas as pessoas que viajam para novas culturas no seu *artigo clássico sobre choque cultural.* Postulou um modelo generalizado de "lua de mel-crise-recuperação-adaptação" e descreveu o choque cultural como uma "doença profissional" enfrentada pelos viajantes internacionais, com os seus sintomas (por exemplo, sentimentos de desamparo, saudades de casa, irritabilidade, etc.). O desenvolvimento de modelos de "fases" significou que, no espaço de alguns anos, estas fases bastante vagas se tornaram mais codificadas e rígidas.

Os modelos de desenvolvimento adaptativo ligados a fases distintas começaram com o conceito de 'curva em U' de Lysgaard, que em 1955 descreveu a transição de um período de 'lua de mel' para um choque cultural, depois para a recuperação e adaptação. Gullahorn e Gullahorn (1963) alargaram a curva em U, propondo o 'W', em que conceptualizaram o modelo como tendo dois períodos em U ligados (ou uma forma de 'W') que ligam o fenómeno do choque cultural inicial ao do choque cultural inverso. Durante anos, os pressupostos gerais sobre os modelos eram que estes reflectiam os padrões de ajustamento mais comuns, que podiam ser aplicados à maioria das pessoas residentes, que geralmente ocorriam durante períodos de tempo fixos (por exemplo, uma crise após 3-6 meses) e que eram apoiados pela investigação. Mas sempre houve cépticos.

Posteriormente, muitos formadores e teóricos desenvolveram elaborações ou variações dos modelos para lidar com o que consideravam ser aspectos simplistas, reducionistas ou demasiado deterministas dos conceitos iniciais. Alguns dos primeiros críticos propuseram modelos alternativos: Adler (1975) propôs um modelo de "contacto-desintegração-reintegração-autonomia-independência" no seu artigo *The Transitional Experience;* o artigo de Bennett (1977) *Transition Shock* propôs que o choque cultural é apenas uma variação e um subconjunto de reacções causadas por mudanças significativas numa vasta gama de circunstâncias. As reservas e preocupações que os académicos e formadores poderiam ter tido em relação às "curvas" foram completamente ultrapassadas pelos seus passos claros e fáceis de compreender, e tornaram-se os modelos dominantes para a formação em choque cultural para quase todos os expatriados em todo o mundo.

2.3. Desafios enfrentados pelos expatriados no ambiente de trabalho

2.3.1. Orientação

As mudanças envolvidas nas transições interculturais podem parecer stressantes. As adaptações exigem tempo, esforço e dinheiro. Além disso, os expatriados precisam de demonstrar paciência e interesse para que os ajustamentos sejam bem sucedidos. Alguns expatriados consideram que os desafios do local influenciam a sua decisão de reconsiderar a sua estadia no país de acolhimento (Aycan, 1997). Por exemplo, a fase inicial da interação de um expatriado com o seu novo ambiente de trabalho dura entre vários dias e várias semanas e caracteriza-se pela atitude positiva do expatriado em relação ao país de acolhimento, à sua cultura e a tudo o que encontra de novo. Nesta fase, os trabalhadores sentem-se mais como turistas do que como expatriados (Pedersen, 1995).

Ficam entusiasmadas com a novidade e têm muito entusiasmo pelo seu trabalho (Marx, 1999). As pessoas afectadas ficam intrigadas e curiosas com tudo o que é diferente daquilo a que estão habituadas e, ao mesmo tempo, espantadas com as semelhanças culturais (Pedersen, 1995). Estão ocupadas a descobrir as atracções da cidade, a encontrar alojamento, uma escola para as crianças se forem acompanhadas pelas suas famílias e, dependendo da dimensão da missão internacional, podem até dar entrevistas à imprensa (Oberg, 1960).

2.3.2. Socialização

A mudança de um expatriado para outro país pode pôr em causa a missão internacional, especialmente se este se sentir isolado e solitário no país de acolhimento e acabar em clubes de expatriados ou guetos (Selmer, 2002). Foi argumentado que estes clubes impedem a integração na cultura de acolhimento, reforçando os estereótipos do expatriado infeliz em relação aos seus homólogos locais (Melles, 2000). Isto terá consequências negativas para as relações comerciais, uma vez que os expatriados acreditam em estereótipos e comportam-se de forma a criar profecias auto-realizáveis desses estereótipos.

Os expatriados sentem-se muitas vezes desconfortáveis durante o processo inicial de transição. A falta de coisas e pessoas familiares leva o expatriado a procurar certas coisas no país de acolhimento para substituir essas perdas. Isto resulta muitas vezes numa aglomeração de expatriados que se reúnem em clubes de expatriados ou noutros locais sociais. Esta situação pode tornar-se um problema para o expatriado e para a missão internacional se o expatriado não abandonar o clube de expatriados nem fizer qualquer esforço para se integrar na cultura de acolhimento após o período inicial de transição (Black e Gregersen, 2001).

De acordo com Moss 2000, um psiquiatra constata a existência de "expatriados bastante tristes que tendem a permanecer em guetos de expatriados e nunca têm ou dão a si próprios a oportunidade de se misturarem com os locais, que, por sua vez, podem descrever como pouco amigáveis". O expatriado não faz qualquer esforço para compreender a cultura e os costumes locais, o que pode ser prejudicial para as relações comerciais. Por outras palavras, o expatriado pode impor os seus valores culturais ao país de acolhimento, que pode ter valores culturais contraditórios (Black e Gregersen, 1999). O resultado pode ser a fricção entre o expatriado e os locais e, em última análise, o fracasso da missão internacional (Hayes, 1996).

2.3.3. Estilo de gestão

Os expatriados podem ter uma forma muito diferente de conduzir os negócios da organização no país de acolhimento (Tan, 2002). Por exemplo, os ensinamentos chineses do confucionismo - o desejo de manter uma atmosfera harmoniosa na sociedade, de estabilizar a sociedade (ou a organização) através da manutenção da ordem de "proteção leal" nas relações humanas" (Yamaguchi 1999). Os principais ensinamentos centram-se nas relações sociais, na boa conduta e na harmonia social. A tónica é também colocada na superioridade, na obediência e na lealdade dos inferiores para com os superiores e na benevolência dos superiores para com os inferiores. Estas crenças estão profundamente enraizadas nos chineses e têm implicações na forma como conduzem os negócios e actuam nas organizações (Rodrigues, 1997).

Alguns estilos de gestão podem dar ênfase à tomada de decisões centralizada, a estilos de liderança paternalistas e a uma forte ênfase no coletivismo e no comportamento de grupo, bem como ao respeito pela antiguidade. As pessoas mais velhas são também designadas por "velhos sábios". As suas opiniões são consideradas não apenas como uma fonte de informação, mas como a fonte de informação. Os expatriados e os habitantes locais que não compreendem o princípio da harmonia podem desenvolver percepções negativas dos seus homólogos. Podem ver os seus colegas como demasiado dependentes de figuras de autoridade e incapazes de se comportarem como indivíduos. Podem interpretar estes comportamentos como uma preocupação excessiva com a burocracia e a hierarquia. Em muitos casos, também, os expatriados podem ficar frustrados quando se apercebem de que eles próprios são vistos como a autoridade máxima numa determinada questão (O'Keefe e O'Keefe, 1997).

2.3.4. Língua

Para os expatriados, as diferenças linguísticas podem tornar-se um problema nas transacções comerciais, onde é importante uma comunicação clara (Dolainski, 1997). A língua local pode ser muito difícil de aprender. Muitas vezes, o expatriado tem à sua disposição um intérprete. No entanto, numa cultura de elevado contexto, um intérprete pode dificultar a missão internacional (Dolainski, 1997). Trata-se essencialmente de um triângulo relacional. O expatriado faz uma pergunta, o intérprete interpreta a pergunta para o cliente ou colega local, que pode então falar com o intérprete durante algum tempo, apontando os problemas que tem com a pergunta do expatriado.

No entanto, o intérprete responde ao expatriado com algumas palavras ou frases (Dolainski, 1997). A informação que pode ser importante perde-se na tradução, o que pode comprometer a missão. Além disso, como as relações comerciais se baseiam na confiança, um expatriado que não fale a língua local terá muita dificuldade em demonstrar credibilidade perante os colegas e/ou clientes locais. Se a credibilidade do expatriado não puder ser demonstrada, corre-se o risco de os locais nunca o deixarem juntar-se ao grupo. Este facto reforça o conceito "nós e eles", que pode comprometer uma empresa comum que depende da confiança e da boa fé (Mead, 1990).

A língua também se torna importante fora das relações comerciais. Os expatriados têm de lidar com outras pessoas para além dos seus colaboradores, por exemplo, os empregados das lojas locais nos supermercados. Se não forem capazes de falar a língua com um certo grau de fluência, não conseguirão integrar-se na comunidade. A integração pode ser importante para o sucesso internacional. A felicidade do expatriado no país de acolhimento e a sua aceitação da cultura e dos costumes do país podem determinar a sua vontade de ficar até ao fim da sua missão internacional (Hailey 1996).

2.3.5. Diferenças de género

Outra questão a considerar é a do género na expatriação. De acordo com Caliguiri e Cascio (1998), para além de compreenderem as diferenças culturais, as mulheres também precisam de ter consciência das diferenças de género. Numa sociedade dominada pelos homens, as mulheres expatriadas podem ser confrontadas com diferenças culturais, que podem afetar o seu desempenho em missões internacionais. De acordo com Fish e Wood (1996), as empresas têm muitas vezes relutância em enviar mulheres para o estrangeiro. Preocupam-se frequentemente com a segurança, o isolamento e a solidão das mulheres (Halcrow, 1999). As empresas também estão relutantes em enviar mulheres para o estrangeiro porque acreditam que os estrangeiros teriam preconceitos contra as mulheres e que as gestoras não teriam sucesso mesmo que fossem enviadas (Meckman, 2002). As empresas baseiam estas suposições em dois mitos: o que lêem ou ouvem sobre a forma como as mulheres locais são tratadas no local de trabalho e a forma como as mulheres em geral são tratadas pelos colegas homens no local de trabalho no país de origem (Cook, 2000).

No entanto, as mulheres podem e são bem sucedidas na gestão transfronteiriça (Grove & Halowell, 1997). Num inquérito realizado numa empresa sobre o sucesso de expatriados, quase todos os gestores expatriados (97%) declararam que as suas missões internacionais tinham sido bem sucedidas. A taxa de sucesso era consideravelmente mais elevada do que a dos seus homólogos norte-americanos do sexo masculino (Adler, 1995). As mulheres e os homens têm capacidades diferentes e, por conseguinte, podem dar contributos diferentes mas igualmente valiosos para a organização. As mulheres devem ser consideradas para uma missão de expatriação, uma vez que possuem uma diversidade de competências que podem acrescentar valor à empresa (McGee Calvert e Ramsey, 1992).

2.3.6. Choque cultural

Todos os expatriados podem ser afectados pelo choque cultural, mas o grau em que o sofrem depende da cultura do país de acolhimento e das suas caraterísticas culturais específicas, da personalidade do trabalhador e da sua eficácia no desempenho das suas funções. Os expatriados são também afectados pela sua atitude em relação aos habitantes do país de acolhimento e vice-versa, bem como pela importância da missão internacional (Alder, 2007). Uma vez terminado o período de orientação, os expatriados são atingidos pela nova cultura e tudo o que antes lhes parecia divertido torna-se irritante, resultando num *choque cultural* (Oberg, 1960). Oberg (1960) define este fenómeno como a "doença profissional" sofrida pelos expatriados devido à constante interação com o novo ambiente e as diferentes situações oferecidas pelo país de acolhimento.

O choque cultural é precipitado pela ansiedade resultante da perda de todos os sinais e símbolos familiares das relações sociais. Estes sinais ou pistas incluem as mil e uma maneiras pelas quais se orientam nas situações quotidianas. Entre elas, saber quando apertar a mão e o que dizer ao conhecer pessoas, quando e como dar gorjetas, como dar ordens aos empregados, como fazer compras, quando aceitar e quando recusar convites, quando levar as afirmações a sério e quando não as levar. Dependendo destes factores, o choque cultural pode resultar em confusão sobre as próprias acções, ansiedade, frustração, euforia, acções que não correspondem às normas de comportamento, incapacidade de fazer o seu trabalho e, portanto, de assinar um contrato importante, isolamento e depressão (Marx 1999).

2.3.7. Formação

Um número crescente de empresas multinacionais está a reconhecer a importância de proporcionar formação a todas as categorias de trabalhadores expatriados. Para ter acesso a pessoal qualificado quando e onde for necessário, cada vez mais empresas multinacionais estão a tomar consciência da necessidade de desenvolver a experiência internacional de um maior número de empregados, quer do país de acolhimento quer do país de origem (McPherson e Roche, 1997). Os empregados expatriados devem ser selecionados não só pela sua competência técnica, mas também pela sua fluência intercultural, de modo a maximizar a sua eficácia e eficiência quando trabalham numa cultura diferente (Hill, 2007). Por conseguinte, torna-se necessário formar os novos expatriados para atingirem as metas e os objectivos definidos pelas multinacionais.

Para além de boas competências técnicas, os trabalhadores expatriados que vão trabalhar no estrangeiro devem ser adaptáveis, possuir competências linguísticas e compreender os costumes sociais, os valores culturais, os códigos de conduta e os sistemas de incentivos e recompensas do país de acolhimento (Kemper, 1998). Para missões no Médio Oriente, por exemplo, a Bechtel dá grande ênfase à importância da religião na cultura. Os expatriados também precisam de ajuda com os aspectos práticos das missões internacionais (alojamento, escolas, moeda e questões de saúde).

2.4. Como é que os trabalhadores expatriados encaram os desafios nos países de acolhimento?

O choque cultural é difícil de evitar quando se encontra a cultura do país de acolhimento. No entanto, a formação intercultural pode ajudar os expatriados a lidar com este fenómeno. Conhecendo a sua própria cultura, é-lhes mais fácil compreender a nova cultura, pelo que podem tentar encontrar a melhor forma de se adaptarem a ela. A formação intercultural (CCT) é uma forma alternativa de os expatriados se prepararem para estes ajustamentos. Caliguiri (2000) acrescenta que o objetivo da formação intercultural é minimizar o "choque cultural" aquando da colocação no estrangeiro e melhorar a experiência intercultural dos gestores ( ). Em termos de comportamento, o objetivo final é melhorar as competências funcionais dos quadros destacados no estrangeiro. O CCT é importante para melhorar as competências funcionais e minimizar o choque cultural entre os expatriados que efectuam missões internacionais. Richardson e McKenna (2002) confirmam igualmente que o apoio sob a forma de CCT é importante para as nomeações no estrangeiro, pois, caso contrário, os gestores expatriados seriam repatriados prematuramente.

Fish e Wood (1996) afirmaram que a compreensão das diferenças nos contextos interculturais e a sua aplicação ao papel de um expatriado e à estrutura organizacional podem contribuir para uma melhor adaptação dos expatriados e para uma maior aceitação por parte dos trabalhadores locais. De acordo com um estudo realizado por Tan (2002) com 409 expatriados destacados em 51 países de todo o mundo, a maioria dos expatriados precisou de seis a doze meses para se sentir à vontade num novo contexto cultural.

Há algumas recomendações que as empresas podem fazer para mitigar as dificuldades acima referidas. Em primeiro lugar, não partir do princípio de que os estrangeiros tratarão as mulheres expatriadas da mesma forma que tratam as suas próprias esposas (Grove e Hallowell, 1997). Questionar as suposições sobre a forma como as mulheres expatriadas se podem comportar noutras culturas. Uma cultura pode parecer muito diferente da do país de origem, mas isso não é um indicador fiável do sucesso de uma mulher expatriada nesse país (Adler, 1995). Incluir mulheres competentes nas listas de candidatos à expatriação em qualquer parte do mundo; algumas podem efetivamente ter uma vantagem competitiva (Grove e Hallowell, 1997).

Devem ser dadas às mulheres todas as oportunidades de sucesso. Atribuir-lhe um estatuto pleno desde o início - e não o de expatriado temporário ou experimental, com o título adequado para comunicar o empenhamento do escritório de origem para com ela (Hodge, 1999). As mulheres expatriadas devem ser ingénuas, não maliciosas (Adler, 1995). O envio de mulheres para o estrangeiro é um fenómeno novo, considerado arriscado e ainda mal compreendido. Os gestores e as empresas estrangeiras operam com base em pressupostos não testados, muitos dos quais estão errados, mas que podem não se basear em preconceitos (Meckman, 2002).

A adaptação a um novo país pode ser difícil, especialmente quando as coisas familiares a que os expatriados se habituaram já não são as mesmas no país de acolhimento. Nem todos os expatriados reagem ativamente ao choque cultural. Por outras palavras, nem todos os expatriados procuram compreender as nuances culturais do país de acolhimento e utilizar essa informação para melhorar as suas relações profissionais e pessoais. Gordon (2003) observa que as vítimas de choque cultural podem adotar vários comportamentos extremos: podem renunciar à sua própria identidade e tentar imitar todos os costumes e atitudes da cultura de acolhimento, ou resolver o problema entrando na sua concha e recusando-se a aprender a língua local e a fazer amizade com pessoas da cultura local. Estes últimos só procuram e fazem amizade com outros expatriados ou pessoas de uma cultura semelhante à sua. Em geral, procuram outros expatriados que lhes proporcionem uma rede de apoio, ao mesmo tempo que se queixam de certos comportamentos estranhos que os locais adoptam, sem tentarem realmente compreendê-los (Hayes, 1996).

Estabelecer a autoridade desde o início. Podem surgir problemas em culturas em que as mulheres não são geralmente consideradas como figuras de autoridade (Hodge, 1999). É o caso da China. A autoridade deve ser estabelecida oficial e extraoficialmente o mais rapidamente possível. Comunique as suas credenciais desde o início, por exemplo, através de uma carta de apresentação escrita ou do apoio de colegas do sexo masculino no país de origem. Numa cultura baseada no estatuto, como é o caso da China, os títulos e as credenciais são importantes e podem atenuar as desigualdades entre homens e mulheres. A mulher expatriada deve seguir estas credenciais, demonstrando a sua competência (Hodge, 1999).

As mulheres expatriadas devem também adotar uma atitude adequada. Lembre-se que as mulheres têm certas vantagens em relação aos seus colegas do sexo masculino. Os executivos estrangeiros têm muitas vezes curiosidade em conhecer as mulheres profissionais australianas, e este fator de visibilidade pode ser utilizado em seu benefício. As mulheres são também melhores a construir relações interpessoais do que os seus colegas masculinos, o que pode ser muito benéfico para a empresa ( ) (Grove e Hallowell, 1997). Numa cultura como a chinesa, que considera as relações pessoais como um preditor e uma condição das relações de negócios (Chung 1991), as competências interpessoais das mulheres dar-lhes-ão uma vantagem considerável sobre os seus colegas homens (Hodge, 1999).

As mulheres devem ser sensíveis às diferenças culturais, mas não devem sentir-se intimidadas por elas (Hardman e Heidelberg, 1996). O anfitrião reconhecerá que a mulher é de um país estrangeiro e não se importará com pequenos erros de cortesia. Hodge (1999) observa que, depois de ter perguntado como dizer "desculpe-me" em chinês, o seu homólogo chinês respondeu: "Porque é um estrangeiro a fazer negócios na China, está automaticamente desculpado". No entanto, é importante estar atento aos costumes sociais que, se forem ignorados, podem provocar reacções emocionais negativas. O estabelecimento de contactos e relações locais pode proporcionar uma visão destas formas subtis de cultura, o que ajudará a mulher expatriada a desenvolver relações comerciais mais bem sucedidas em termos de posição ou estatuto (Moss, 2000).

CAPÍTULO TRÊS: METODOLOGIA DE INVESTIGAÇÃO

3.1. Introdução

A metodologia é a análise sistemática e teórica dos métodos aplicados a um domínio de estudo, ou a análise teórica de todos os métodos e princípios associados a um ramo do conhecimento (Creswell, 2008). Como tal, este capítulo descreve a metodologia utilizada para a realização do estudo. Apresenta a conceção da investigação, a população-alvo, a conceção e a dimensão da amostra, os instrumentos de recolha de dados e os métodos de análise dos dados.

3.2. Conceção da investigação

Um projeto de investigação é um plano sistemático para estudar um problema científico. Um desenho de estudo define o tipo de estudo (descritivo, correlacional, semi-experimental, experimental, de revisão, meta-analítico) e o subtipo (estudo de caso descritivo-longitudinal), a questão de investigação, as hipóteses, as variáveis independentes e dependentes, o desenho experimental e, se for caso disso, os métodos de recolha de dados e um plano de análise estatística, (Muaz, 2013). Creswell (2012) define-o como a estratégia global que se escolhe para integrar as diferentes componentes do estudo de uma forma coerente e lógica, assegurando que se abordará eficazmente o problema de investigação; é o plano para a recolha, medição e análise de dados.

É por esta razão que o modelo de investigação utilizado para o estudo foi um inquérito descritivo. O inquérito descritivo é um modelo de investigação que descreve as caraterísticas ou os comportamentos de uma determinada população de forma sistemática e precisa (Mugenda e Mugenda, 2003). Este estudo é um inquérito descritivo que visa explicar quem, o quê, quando e como de um fenómeno. Este modelo foi aqui adotado porque o estudo procurou explorar as experiências em termos de desafios e percepções dos expatriados no contexto de um ambiente de trabalho intercultural.

De acordo com Merriam (1998), a investigação descritiva centra-se na "essência ou estrutura de uma experiência (fenómeno)". Por conseguinte, o investigador teve de interpretar as experiências dos informadores e a forma como estes reagiram, a fim de tirar conclusões e recomendações. No entanto, os preconceitos ou crenças pessoais devem ser postos de lado neste tipo de investigação, de modo a não interferirem com a estrutura do fenómeno (Merriam, 1998). Berg (1998) acrescenta que a investigação descritiva permite ao investigador partilhar a compreensão e as percepções de outros indivíduos e explorar a forma como estes estruturam e dão sentido à sua vida quotidiana. Exige que o investigador interprete as experiências sob a forma de desafios enfrentados pelos informadores, bem como as suas percepções.

3.3. População do estudo

Best e Kahn (1998) definem a população-alvo como qualquer grupo de indivíduos que partilham uma ou mais caraterísticas de interesse para o investigador. Uma população de estudo é, portanto, um conjunto bem definido de indivíduos ou objectos que se sabe terem caraterísticas semelhantes às da população-alvo. Todos os indivíduos ou objectos de uma determinada população têm geralmente uma caraterística ou traço comum e vinculativo. Em geral, a descrição da população e a caraterística comum dos seus membros são idênticas (Mohammad, 2013).

Para efeitos desta investigação, a população do estudo incluía 2394 ONG sediadas em Nairobi. Este foi o número registado pelo Gabinete de Coordenação das ONG em agosto de 2014. Os participantes no estudo eram homens e mulheres expatriados que trabalham atualmente nestas ONG. São profissionais que supervisionam a implementação de vários projectos para as ONG e que trabalham atualmente por um período de tempo específico. As ONG estudadas são apresentadas no Anexo 1.

3.4. Plano de amostragem

Uma regra geral recomenda um mínimo de 30% de unidades de resposta. No entanto, foram incluídas no estudo 60 organizações, a fim de melhorar a representatividade da amostra. Como as unidades de análise eram os trabalhadores expatriados, foram recolhidos dados de dois expatriados em cada organização. Os dados foram recolhidos junto de dois expatriados em cada organização. Desta forma, garantiu-se a recolha de dados de pelo menos um expatriado, caso o segundo não estivesse disponível. Os expatriados foram selecionados através de uma amostragem intencional, que se baseia na descrição de que o entrevistador pretende descobrir, compreender e obter informações e, por conseguinte, selecionar uma amostra da qual se possa aprender mais (Merriam, 1998). O primeiro critério de seleção dos inquiridos exigia homens e mulheres expatriados que trabalhassem atualmente nas ONG enumeradas no Anexo 1. Em segundo lugar, os que tivessem trabalhado nesse país durante mais de seis meses. A duração da estadia permitiu obter percepções mais significativas relativamente às experiências pessoais dos expatriados sobre os desafios que enfrentaram enquanto trabalharam no Quénia e sobre a forma como encararam esses desafios. Em terceiro lugar, cada informador tinha de ter alguns conhecimentos de gestão e estar bem exposto a interações com os locais, quer no local de trabalho quer noutros contextos. Além disso, os expatriados tinham de ser profissionais do comércio, do ensino, da medicina, da sociologia, das comunicações ou da engenharia, uma vez que estas são as áreas em que as competências e os conhecimentos dos expatriados são mais procurados no país. Os seus nomes e moradas foram obtidos através de contactos pessoais do investigador com as organizações onde os expatriados trabalham, e através da utilização de uma técnica de amostragem tipo bola de neve. O estudo utilizou dados primários recolhidos através de questionários qualitativos semi-estruturados. Os questionários foram enviados ao diretor de recursos humanos de cada uma das organizações identificadas. O responsável pelos recursos humanos aplicou então os questionários a dois expatriados selecionados aleatoriamente. O questionário era composto por duas secções. A primeira abrangia dados biográficos, enquanto a segunda se centrava nas respostas dos expatriados aos desafios que enfrentavam no seu ambiente de trabalho. As respostas foram avaliadas utilizando uma escala de Likert e um quadro de pontuação. As respostas foram avaliadas através de uma escala de tipo Likert em que as opções de resposta eram: discordo totalmente, discordo, nem concordo nem concordo, concordo e concordo totalmente. Antes da recolha efectiva de dados, o questionário de investigação foi pré-testado em duas fases diferentes. Os dados foram analisados utilizando estatísticas descritivas, tais como grupos de frequências e percentagens, e os resultados foram apresentados em tabelas.

3.5. Instrumentos de recolha de dados

O estudo utilizou fontes de dados primários recolhidos através de questionários quantitativos semi-estruturados. Os questionários foram enviados ao diretor de RH de cada uma das organizações identificadas. O gestor de RH aplicou então os questionários a dois expatriados selecionados aleatoriamente. O questionário era composto por duas secções. A primeira abrangia dados biográficos, enquanto a segunda se centrava na resposta dos expatriados aos desafios que enfrentavam no seu ambiente de trabalho. As respostas foram avaliadas utilizando uma escala de likert em que as opções de resposta eram discordo totalmente, discordo, não concordo nem discordo, concordo e concordo totalmente.

3.6. Procedimentos de pesquisa

Antes da recolha de dados propriamente dita, foi efectuado um exercício de pré-teste do questionário de investigação em duas fases diferentes. Na primeira fase, o investigador elaborou os instrumentos e solicitou o parecer do supervisor, a fim de garantir a validade e a fiabilidade dos instrumentos de investigação. A validade da recolha de dados significa que os resultados representam verdadeiramente o fenómeno que o estudo pretende medir (Prescott e Soeken, 2009). Polit et al, (2001)

O supervisor, que é o responsável pela orientação do trabalho, avalia se cada pergunta oferece um leque adequado de respostas, estabelece que as respostas podem ser interpretadas em relação à informação requerida, verifica se todas as perguntas foram respondidas, reformula ou reescalona as perguntas que não foram respondidas como pretendido, encurta e revê (Prescott e Soeken, 2009). Em seguida, a proposta foi aprovada para defesa, tendo os pontos assinalados pela equipa de defesa sido corrigidos em conformidade e verificados pelo supervisor.

3.7. Análise de dados

A análise de dados é o processo de aplicação sistemática de técnicas estatísticas e/ou lógicas para descrever e ilustrar, condensar e resumir, e avaliar os dados. Após a recolha dos dados, o investigador verificou os questionários para garantir que estavam completos, válidos, coerentes e exactos para análise. Os dados foram então introduzidos num sistema informático utilizando o software SPSS (Statistical Package for Social Sciences) para análise. Os dados foram então analisados utilizando estatísticas descritivas, tais como grupos de frequência e percentagens, e os resultados foram apresentados em tabelas.

CAPÍTULO QUATRO: ANÁLISE DOS DADOS, CONCLUSÕES E DEBATE

4.1. Introdução

Este capítulo apresenta os resultados da investigação sobre a resposta dos trabalhadores expatriados aos desafios do seu ambiente de trabalho nas ONG de Nairobi, no Quénia. A questão de investigação era a seguinte: "Como é que os expatriados que trabalham no sector das ONG em Nairobi, no Quénia, percebem os desafios do seu ambiente de trabalho? O estudo envolveu uma amostra de 60 ONG e esperava-se que dois expatriados de cada ONG participassem como inquiridos. A dimensão efectiva da amostra foi, portanto, de 120 expatriados. Destes, 84 participaram no estudo, o que dá uma taxa de resposta de 70%, o que é aceitável de acordo com Creswell (2012).

4.2. Perfil dos inquiridos e das suas organizações

Esta secção contém informações sobre as organizações de onde provêm os inquiridos, os cargos ocupados pelos inquiridos nas respectivas organizações, a repartição por sexo dos inquiridos, o número de anos de trabalho nas organizações, o seu nível de educação, as suas qualificações profissionais e a repartição por idade.

4.2.1. Perfil das organizações

O primeiro ponto deste estudo foi determinar as organizações de onde provinham os inquiridos. Das 46 organizações que participaram no estudo, todos os inquiridos da amostra participaram no estudo, com exceção de duas organizações em que houve apenas um inquirido cada. A taxa de resposta global foi de 70%. Ver Anexo II.

4.2.3. Posição atual

Foi pedido aos inquiridos que indicassem a sua posição atual nas organizações. As respostas são apresentadas no quadro 4.1.

Quadro 4.1: Composição da amostra de acordo com os cargos actuais dos inquiridos

Posição	Número de inquiridos	Percentagem
Executivo sénior	31	36
Nível intermédio	29	35
Gestor júnior	24	29
Total	**84**	**100**

Autor : (2014)

A Tabela 4.1 mostra que a maioria dos expatriados eram gestores de topo na sua organização, com uma taxa de resposta de 31%, seguidos dos que ocupavam cargos de gestão departamental, com 35%, e dos gestores juniores, com 29%.

4.2.4. Composição dos inquiridos por sexo

Foi pedido aos inquiridos que indicassem o seu género. Verificou-se que a maioria dos inquiridos era do sexo feminino, com uma taxa de resposta de 64,3%, enquanto os expatriados do sexo masculino foram estimados em 35,7%. As respostas são apresentadas no quadro 4.2.

Quadro 4.2: Repartição dos inquiridos por género

Tipo	Número de inquiridos	Percentagem
Homens	30	35.7
Mulher	54	64.3
Total	84	100.0

Autor : (2014)

4.2.5. Número de anos na organização

O investigador procurou determinar o número de anos que os expatriados tinham trabalhado nas suas várias organizações. As respostas são apresentadas no quadro 4.3.

Quadro 4.3: Composição dos inquiridos por número de anos na organização

Número de anos	Número de inquiridos	Percentagem
Menos de um ano	48	57.1
1-5 anos	23	28.6
6-10 anos	6	7.1
mais de 10 anos	6	7.1
Total	84	100.0

Autor : (2014)

Como mostra a Tabela 4.4, 57,1% dos inquiridos trabalham com as organizações há menos de um ano. Seguem-se os que trabalham há 1 a 5 anos, com uma taxa de resposta de 28,6%, e os que trabalham nas organizações há 6 a 10 anos e há mais de 10 anos, com uma taxa de resposta de 7,1% cada.

4.2.6. Nível de educação

O investigador procurou determinar as habilitações académicas dos inquiridos. Os resultados são apresentados no quadro 4.4.

Quadro 4.4: Nível de educação

Nível de educação	Número de inquiridos	Percentagem
Nível O	12	14.3
Terciário	18	21.4
Abaixo de graduado	42	50.0
Diploma de licenciatura	12	14.3
Total	84	100.0

Autor : (2014)

A maioria das pessoas entrevistadas tinha obtido o seu primeiro diploma numa variedade de domínios, tais como engenharia, ajuda humanitária, nutrição, sociologia, desenvolvimento comunitário, desenvolvimento internacional global, educação, saúde, ambiente, educação e cultura.

Seguem-se os expatriados de nível superior (21,4%). Seguem-se os expatriados de nível superior (21,4%), enquanto os titulares de um mestrado ou doutoramento em vários domínios são estimados em 14,3%, tal como os titulares de um diploma de nível O, que obtêm uma taxa de resposta semelhante (14,3%).

4.2.7. Qualificações profissionais

Em resultado destas qualificações, os expatriados ocupam cargos de diretores financeiros, coordenadores de projectos nacionais, gestores de projectos, arquitectos, voluntários e diretores gerais de vários projectos para as suas organizações, como mostra o quadro 4.5.

Quadro 4.5: Repartição dos inquiridos por profissão

Idade dos inquiridos	Número de inquiridos	Percentagem
Diretores financeiros	8	9.5
Coordenadores de projectos	8	9.5
Gestores de projectos	13	15.5
Arquitectos	22	26.2

Voluntários	23	27.4
Diretores executivos	10	11.9
Total	**84**	**100**

Autor : (2014)

O quadro 4.6 mostra que 27,4% dos inquiridos eram voluntários, 26,2% arquitectos, 15,5% gestores de projectos, 9,5 diretores financeiros, 9,5 coordenadores de projectos e 11,9% diretores gerais.

4.2.8. Repartição etária dos inquiridos

Para concluir esta primeira secção do capítulo, foi pedido aos inquiridos que indicassem a sua idade.

As respostas são apresentadas no quadro 4.6.

Quadro 4.6: Distribuição etária dos inquiridos

Idade dos inquiridos	**Número de inquiridos**	**Percentagem**
36 - 45 anos de idade	18	21.4
46-55 anos de idade	66	78.6
Total	84	100.0

Autor : (2014)

O estudo revelou que a maioria dos expatriados são pessoas que adquiriram uma grande experiência no mundo empresarial, sendo que a faixa etária acima dos 45 anos representa 78%, enquanto a faixa etária acima dos 36 anos representa 21,4% dos expatriados ligeiramente mais jovens. O estudo revelou também que estes expatriados são pessoas que trabalharam a maior parte do seu tempo em missões internacionais e que, por conseguinte, adquiriram uma vasta experiência em lidar com os desafios das organizações internacionais.

4.3. Resposta dos trabalhadores expatriados aos desafios colocados pelo seu ambiente de trabalho

O objetivo desta parte do estudo era determinar as estratégias de resposta adoptadas pelos expatriados no seu ambiente de trabalho. As respostas são apresentadas na tabela 4.7. Legenda: 1- discordo totalmente, 2- discordo, 3 - nem discordo nem concordo, 4 - concordo, 5- concordo totalmente.

Quadro 4.7: Respostas dos trabalhadores expatriados às dificuldades encontradas no seu trabalho

Não.	Reação dos trabalhadores expatriados a Desafios no seu ambiente de trabalho	1	2	3	4	5	F	%
8	Reagi bem aos desafios colocados pela cultura do país de acolhimento.	6	12	30	30	6	84	100
9	Tenho menos dificuldade em interagir com os meus colegas de trabalho porque eles vêem o meu ponto de vista de forma diferente.	24	42	12	6	0	84	100
10	Sinto-me insegura e sozinha porque não tenho ninguém que compreenda a minha língua e a minha cultura.	0	30	30	12	12	84	100
11	O meu estilo de gestão é diferente daquele a que o pessoal está habituado.	0	0	6	18	60	84	100

12	Estou a ter problemas em compreender as crenças culturais da população local	0	7.1	7.1	50	35.7	84	100
13	O meu ambiente de trabalho não me dá a oportunidade de promover a diversidade devido à sua atitude em relação à minha cultura.	54	6	0	0	24	84	100
14	Devido ao meu género, é-me difícil fazer com que os meus subordinados sigam as minhas	0	12	0	18	54	84	100
15	A maior parte das vezes, acabo por me dar com expatriados porque me compreendem melhor.	0	18	6	21	36	84	100
16	Não estava suficientemente preparado para lidar com a diferença cultural em que me encontrava, pelo que o meu trabalho foi muito difícil.	6	6	24	36	12	84	100
17	Trouxe a minha família para me apoiar emocionalmente.	0	6	12	12	54	84	100
18	A orientação que recebi no início, e que continuo a receber, ajudou-me a lidar com o choque da cultura organizacional.	0	6	12	30	36	84	100

19	Tento entrar em contacto com os meus colegas de trabalho para que eles me compreendam antes de tirar conclusões sobre as minhas opiniões.	0	24	24	24	12	84	100
20	Dedico algum tempo a informar o meu pessoal sobre qualquer novo estilo de gestão.	42	24	18	0	0	84	100
21	A minha experiência de trabalho noutros países permitiu-me lidar com o ambiente de trabalho.	18	30	18	6	12	84	100
22	Os meus colegas dão-me muito apoio e ajudam-me a compreender o processo.	12	24	30	12	6	84	100
	acredita na cultura da minha organização							
23	Implementei estratégias para formar o meu pessoal na valorização da diversidade, uma vez que trabalhamos em estreita colaboração.	12	60	0	6	6	84	100
24	Não tenho qualquer problema em gerir o pessoal aqui, porque eles gostam do meu	12	18	30	6	18	84	100
	acredita na cultura da minha organização							
23	Implementei estratégias para formar o meu pessoal na valorização da diversidade, uma vez que trabalhamos em estreita colaboração.	12	60	0	6	6	84	100

24	Não tenho qualquer problema em gerir o pessoal aqui, porque eles gostam do meu	12	18	30	6	18	84	100

Quando os inquiridos foram questionados sobre a forma como tinham respondido aos desafios colocados pela cultura queniana de então, 30 (35,7%) discordaram e outros 30 (35,7%) discordaram fortemente, 12 (14,3%) concordaram e 6 (7,1%) concordaram fortemente. Em seguida, o investigador analisou a forma como os expatriados lidam com as diferenças de opinião no local de trabalho. 42 (50%) concordaram que têm menos problemas em interagir com os colegas no local de trabalho porque as suas opiniões coincidem com as dos colegas. De seguida, 24 (28,6%) concordaram fortemente, enquanto 12 (14,3%) discordaram e 6 (7,1%) discordaram. Foi então perguntado aos inquiridos se se sentiam inseguros e sozinhos por não terem ninguém que compreendesse a sua língua e cultura. De acordo com os resultados, 30 (35,7%) concordaram e 30 (35,7%) discordaram. Ao mesmo tempo, 12 pessoas (14,3%) discordaram fortemente e outras 12 (14,3%) discordaram.

Os inquiridos foram questionados sobre se o seu estilo de gestão estava em desacordo com o que o pessoal estava habituado. 60 (71,4%) discordaram fortemente, 18 (21,4%) discordaram e 6 (7,1%) discordaram. Quando o investigador perguntou aos expatriados se tinham dificuldade em compreender as crenças culturais dos locais, 42 (50%) disseram que não. 42 (50%) discordaram do argumento de que têm dificuldade em compreender as crenças culturais dos locais, 30 (35,7%) discordaram fortemente, 6 (7,1%) discordaram e 6 (7,1%) concordaram. Foi então perguntado aos inquiridos se o seu ambiente de trabalho lhes oferecia uma oportunidade de promover a diversidade devido à sua atitude em relação à cultura dos expatriados. 54 (64,3%) concordaram fortemente, 24 (28,6%) discordaram fortemente e 6 (7,1%) concordaram.

Foi perguntado aos inquiridos se o seu género dificultava o cumprimento das instruções dos seus subordinados. O estudo revelou que 54 (64,3%) dos inquiridos discordaram fortemente da afirmação de que o seu género lhes dificultava o cumprimento das instruções dos seus subordinados. Seguiram-se 18 (21,4%) que discordaram e 12 (14,3%) que concordaram. Quando questionados sobre se, na maioria das vezes, se juntavam com outros expatriados para se entenderem melhor, 36 (42,9%) discordaram fortemente e 24 (28,6%) discordaram. Seguiram-se 18 (21,4%) que concordaram e 6 (7,1%) que discordaram. Foi perguntado aos inquiridos se estavam suficientemente preparados para lidar com as diferenças culturais em que se encontravam e que tornavam o seu trabalho muito difícil. A maioria dos inquiridos, 36 (42,9%), respondeu negativamente. Seguiram-se 24 (28,6%) que discordaram, 12 (14,3%) discordaram fortemente, enquanto os que concordaram e concordaram fortemente foram 6 (7,1%) em cada caso. O investigador perguntou então aos inquiridos se tinham trazido a família para ficar com eles e lhes dar apoio emocional. Os resultados do estudo mostram que 54 (64,3%) discordaram fortemente, 12 (14,3%) discordaram e outros 12 (14,3%) discordaram, enquanto os que concordaram tiveram uma taxa de resposta de 6 (7,1%).

O estudo procurou saber se a orientação dada aos expatriados no início da sua missão, ou a orientação que continuam a receber, os ajudou a lidar com o choque cultural organizacional. De acordo com a tabela, 36 (42,9%) discordaram fortemente do argumento. Foram apoiados por 30 (35,7%) dos inquiridos que discordaram. 12 (14,3%) não discordaram nem concordaram, enquanto 6 (7,1%) concordaram.

O investigador procurou determinar se os expatriados contactaram os seus colegas de trabalho para os compreender antes de tirar conclusões sobre as suas opiniões. 24 (28,6%) não contactaram os seus colegas, 24 (28,6%) não se comprometeram e 28,6% não avaliaram 12 (14,2%) deles. Os inquiridos foram depois questionados sobre se os seus colegas os apoiavam e os ajudavam a compreender as crenças culturais da organização. O estudo revelou que 42 (50%) dos inquiridos concordaram fortemente, seguidos de 24 (28,6%) que concordaram e 18 (21,4%) que discordaram.

No que se refere às estratégias utilizadas pelos inquiridos para valorizar a diversidade na organização, 35,7% concordaram que trabalham em estreita colaboração com outros membros da equipa. 21,4% discordaram e 21,4% concordaram fortemente, representando os que discordaram fortemente 14,3% e os que discordaram fortemente 7,1%. Quando lhes foi perguntado se tinham problemas com a gestão do pessoal devido ao seu género, a maioria dos inquiridos respondeu que não. A maioria dos inquiridos não respondeu de forma afirmativa. Ao mesmo tempo, 28,6% dos inquiridos concordaram e 14,3% discordaram, enquanto um número semelhante de inquiridos concordou fortemente e os que discordaram fortemente representam 7,1%.

Quando lhes foi perguntado se tinham aprendido a gerir as diferenças culturais através da interação com culturas diferentes em todo o mundo, 60 (71,4%) responderam que sim, 12 (14,3%) responderam que não, enquanto 6 (7,1%) responderam que sim e que não em cada caso. Por último, o investigador procurou saber se os inquiridos tinham levado as suas famílias consigo, a fim de conciliarem os seus compromissos profissionais e familiares. A maioria dos inquiridos não concordou nem discordou da afirmação de que tinha trazido a família consigo para conciliar a vida profissional e familiar, com uma taxa de resposta de 30 (35,7%). De seguida, 18 pessoas (21,4%) discordaram fortemente e outras 18 (21,4%) concordaram. Por último, 12 pessoas (14,3%) concordaram fortemente, enquanto 6 (7,1%) discordaram.

4.4. Discussão

O estudo mostrou que os expatriados não foram capazes de enfrentar os desafios colocados pela cultura queniana. Isto pode dever-se ao choque de crenças culturais e ao facto de estarem habituados à sua cultura habitual. Independentemente da sua incapacidade de se adaptarem à cultura queniana, têm menos problemas em interagir com os quenianos porque desenvolveram estratégias para transmitir as suas ideias. Isto é confirmado por Moss quando argumenta que o estabelecimento de contactos e relações locais pode fornecer uma visão das formas subtis de cultura que ajudarão o expatriado a construir relações comerciais mais bem sucedidas em termos de posição ou estatuto (Moss, 2000).

Os expatriados entrevistados para o estudo também sublinharam que se sentiam inseguros e sozinhos por não conseguirem conversar na língua local. Procuram e fazem amizade apenas com outros expatriados ou com pessoas de uma cultura semelhante à sua. Em geral, procuram outros expatriados para lhes proporcionar uma rede de apoio, ao mesmo tempo que se queixam de certos comportamentos estranhos que os locais adoptam sem tentarem realmente compreendê-los (Hayes, 1996). O estudo revelou que os expatriados tiveram de recorrer à ajuda de um intérprete quando se depararam com dificuldades de comunicação no início, mas que agora tinham algum domínio do Kiswahili e do Inglês. De acordo com (Dolainski, 1997), para os expatriados, as diferenças linguísticas podem tornar-se um problema nas transacções comerciais, onde é importante uma comunicação clara. A língua local pode ser muito difícil de aprender. Muitas vezes, o expatriado tem à sua disposição um intérprete. No entanto, numa cultura de elevado contexto, um intérprete pode atrapalhar uma missão internacional. Os expatriados têm, portanto, melhores ideias para lidar com a situação. Graças a estas estratégias, conseguiram fazer com que a população local os compreendesse plenamente e que o seu estilo de gestão não entrasse em conflito com os estilos locais.

O estudo também mostrou que os expatriados se adaptaram muito bem às crenças culturais dos habitantes locais e, por conseguinte, consideram os habitantes locais muito receptivos e capazes de fazer passar a sua mensagem. Conseguiram sobreviver às diferenças culturais recebendo formação antes de chegarem ao Quénia e no terreno. Caliguiri (2000) acrescenta que o objetivo do CCT é minimizar o "choque cultural" aquando do destacamento no estrangeiro e melhorar a experiência intercultural dos gestores. Em termos comportamentais, o objetivo final é melhorar as competências funcionais dos gestores em missões no estrangeiro. Isto facilitou muito o seu trabalho e permite-lhes atingir os objectivos das missões para as quais foram enviados. Verificou-se também que o ambiente de trabalho promove a diversidade entre os funcionários que trabalham com expatriados. Os expatriados referiram que tinham a oportunidade de trazer novas ideias da sua experiência noutros países e que os locais eram muito cooperantes a este respeito.

Uma vez que a maioria dos expatriados são mulheres, o estudo mostrou que nem mesmo o seu género as pode impedir de realizar as suas tarefas. Podem facilmente enviar instruções a toda a organização e o trabalho é efectuado mesmo que todas as pessoas com quem trabalham sejam homens. Este facto contradiz a opinião comum de Fish e Wood (1996), segundo a qual as empresas têm frequentemente relutância em enviar mulheres para o estrangeiro. As empresas preocupam-se frequentemente com a segurança, o isolamento e a solidão das mulheres (Halcrow, 1999). As empresas também estão relutantes em enviar mulheres para o estrangeiro porque acreditam que os estrangeiros teriam preconceitos contra as mulheres e que as directoras não teriam sucesso mesmo que fossem enviadas (Meckman, 2002).

Devido ao ambiente de trabalho favorável nos sectores das ONG no Quénia, os expatriados têm facilidade em fazer amigos e socializar com os quenianos e o pessoal local em geral, o que lhes permitiu adaptar-se facilmente para sobreviver na sociedade queniana. Uma das ferramentas em que os expatriados confiam para se adaptarem facilmente à sociedade queniana é o programa de orientação adequado e eficaz a que foram submetidos antes de chegarem ao Quénia. O estudo revelou que a maioria dos expatriados se preparou adequadamente e fez várias viagens ao Quénia antes de se instalar aqui. Ao mesmo tempo, continuam a beneficiar de alguns destes serviços durante a sua estadia no Quénia, o que aumentou a sua confiança.

Para evitar a solidão e conciliar a vida familiar e profissional, os expatriados vieram com as suas famílias para lhes fazer companhia. Os expatriados foram tão longe porque dizem que não é fácil adaptarem-se a um novo modo de vida em que têm de fazer certas coisas sozinhos, pelo que a presença da família tem sido um pilar muito sólido. Os colegas das organizações não ficaram atrás na ajuda a estes expatriados para lidarem com o choque cultural em que se encontram. A maior parte deles recorreu aos colegas de trabalho para os ajudar a compreender a sua nova cultura e a encontrar um terreno comum. Os colegas também têm sido um grande apoio para os expatriados e estão sempre à disposição quando precisam de ajuda.

CAPÍTULO CINCO: RESUMO, CONCLUSÕES E RECOMENDAÇÕES

5.1. Introdução

Este capítulo conclui o estudo das respostas dos expatriados aos desafios do seu ambiente de trabalho no sector das ONG em Nairobi, no Quénia. O estudo foi realizado através de um inquérito descritivo às ONG do Central Business District de Nairobi. A população-alvo era constituída por 60 organizações e foram selecionados dois expatriados para participarem no estudo em cada organização. A dimensão da amostra foi, portanto, de 120. Os resultados foram apresentados pela seguinte ordem.

5.2. Resumo dos resultados

Os dados foram recolhidos junto de 46 organizações, a maioria das quais produziu a dimensão de amostra esperada, com exceção de duas organizações que tiveram apenas um inquirido cada. A maioria dos expatriados eram gestores de topo nas suas organizações e tinham sido enviados para supervisionar a implementação de vários projectos geridos pelas organizações em diferentes partes do Quénia. Também trabalharam no Quénia durante menos de um ano, uma vez que foram enviados propositadamente para gerir os vários projectos. Surpreendentemente, o estudo mostrou que a maioria dos expatriados nas ONG quenianas são mulheres, o que contradiz a noção tradicional de que as mulheres expatriadas são mais numerosas do que os homens em circunstâncias normais. Isto indica que a diversidade de género foi adoptada em todo o mundo e que as mulheres continuam a encontrar mais oportunidades no mundo dos expatriados do que os homens.

Dado que a maioria dos inquiridos trabalha no país há menos de um ano, mas especialmente para além do período de estudo de seis meses pré-determinado, acredita-se que têm experiência suficiente dos desafios do seu ambiente de trabalho e desenvolveram estratégias para lidar com eles. Aqueles que estão no país há mais de um ano parecem ter-se adaptado bem e estão a desempenhar as suas tarefas com eficácia.

A maioria dos entrevistados tinha obtido o seu primeiro diploma em vários domínios, como engenharia, ajuda humanitária, nutrição, sociologia, agentes de desenvolvimento comunitário, estudos internacionais globais, estudos de género e desenvolvimento. Graças a estas qualificações, os expatriados ocupam cargos de diretores financeiros, coordenadores de projectos nacionais, gestores de projectos, arquitectos, voluntários e gestores gerais de vários projectos para as suas organizações, entre outros. Ao mesmo tempo, adquiriram uma grande experiência no mundo dos negócios, com uma faixa etária superior a 45 anos. Verificou-se também que estes expatriados são pessoas que trabalharam frequentemente em missões internacionais e que, por conseguinte, adquiriram uma grande experiência para enfrentar os desafios das organizações internacionais.

O estudo revelou que os expatriados não foram capazes de enfrentar os desafios colocados pela cultura queniana. Isto pode dever-se ao choque de crenças culturais e ao facto de estarem habituados à sua cultura habitual. Embora não tenham sido capazes de se adaptar à cultura queniana, têm menos problemas em interagir com os quenianos porque desenvolveram estratégias para fazer passar as suas ideias. Também referem que experimentam sentimentos de insegurança e solidão porque não conseguem conversar nas línguas locais. O estudo revelou que os expatriados tinham de pedir a ajuda de um intérprete quando tinham dificuldades de comunicação no início, mas que agora dominam o Kiswahili e o Inglês. Consequentemente, têm melhores ideias para lidar com a situação. Graças a estas estratégias, conseguiram fazer com que os locais os compreendam perfeitamente e que o seu estilo de gestão não entre em conflito com os estilos locais.

O estudo também mostrou que os expatriados se adaptaram muito bem às crenças culturais dos habitantes locais e, por conseguinte, consideram estes últimos muito receptivos e capazes de vender os seus serviços. Isto facilitou o seu trabalho e permitiu-lhes atingir os objectivos das missões para as quais foram enviados. O ambiente de trabalho também incentiva a diversidade entre os funcionários que trabalham com os expatriados. Os expatriados referiram que tinham a oportunidade ( ) de trazer novas ideias da sua experiência noutros países e que os locais apoiavam muito estes processos. Uma vez que a maioria dos expatriados eram mulheres, o estudo mostrou que nem mesmo o seu género os impedia de desempenharem as suas tarefas. Podem facilmente enviar instruções para toda a organização e o trabalho é efectuado mesmo que todas as pessoas com quem trabalham sejam homens.

Graças ao ambiente de trabalho favorável das ONG quenianas, os expatriados fazem facilmente amigos e socializam com os quenianos e o pessoal local em geral, o que lhes permitiu adaptar-se facilmente para sobreviver na sociedade queniana. Uma das ferramentas em que os expatriados confiam para se adaptarem facilmente à sociedade queniana é o programa de orientação adequado e eficaz a que foram submetidos antes de chegarem ao Quénia. O estudo revelou que a maioria dos expatriados estava bem preparada e tinha feito várias viagens ao Quénia antes de se instalar aqui. Ao mesmo tempo, continuam a beneficiar de alguns destes serviços durante a sua estadia no Quénia, o que aumentou a sua confiança.

Para evitar a solidão e conciliar a vida familiar e profissional, os expatriados vieram com as suas famílias para lhes fazer companhia. Os expatriados foram tão longe porque dizem que não é fácil adaptarem-se a um novo modo de vida em que têm de fazer certas coisas sozinhos, pelo que a presença da família tem sido um pilar muito sólido. Os colegas das organizações não ficaram atrás e ajudaram estes expatriados a lidar com o choque cultural em que se encontram. A maior parte deles recorreu aos seus colegas de trabalho para compreender a sua nova cultura e encontrar um terreno comum. Os colegas também foram muito solidários com os expatriados e estão sempre disponíveis quando precisam de ajuda. Os expatriados também sublinharam que a sua experiência de trabalho noutros países foi a sua maior fonte de força, permitindo-lhes adaptar-se rapidamente à cultura queniana.

5.3. Conclusão

O estudo conclui, portanto, que os trabalhadores expatriados que trabalham nas ONG quenianas respondem aos desafios do seu ambiente de trabalho encontrando uma correspondência entre a cultura queniana e a do seu país, embora exista por vezes um conflito muito grande entre as duas culturas, o que os impede de se adaptarem bem. Encontraram estratégias para interagir com os habitantes locais, o que melhorou a sua comunicação e a sua capacidade de trabalhar nas tarefas que lhes foram atribuídas. Nos casos em que a conversação na língua local se revelou difícil, os expatriados recorreram à ajuda de intérpretes locais.

Graças à melhoria da comunicação entre eles e a população local, conseguem vender facilmente as suas ideias a esta última e constatam que o seu estilo de gestão não está em contradição com o que a população local está habituada. A sua experiência de trabalho noutros países também os ajudou a adaptarem-se bem ao Quénia, uma vez que não estão familiarizados com as diferenças culturais. Além disso, têm a oportunidade de apresentar novas ideias aos habitantes locais, que também são muito cooperantes. Conseguiram também criar um ambiente de trabalho que incentiva a diversidade, o que motiva os locais a trabalhar com os expatriados. Mesmo as mulheres expatriadas não têm dificuldade em trabalhar no Quénia, pois conseguiram criar um ambiente em que todos são considerados iguais na organização. Outra estratégia utilizada para ultrapassar os desafios é fazer amigos com os locais e até sair com expatriados e locais para equilibrar a sua compreensão da nova cultura e misturar-se com aquilo a que estão habituados. Para os apoiar, vieram com as suas famílias para evitar a solidão e equilibrar a vida familiar e o trabalho.

5.4. Recomendações

Com base nos resultados obtidos, o estudo recomenda o seguinte:

Como estes expatriados parecem ter-se adaptado bem à sociedade queniana, podem ser uma grande fonte de força para outros que venham para este país e para outros países para missões semelhantes ou outras. Além disso, como o estudo revelou que a maioria dos expatriados são pessoas com uma vasta experiência em missões internacionais, podem ser um bom pilar para os jovens expatriados, pois podem ajudá-los a adaptar-se aos desafios que podem surgir no seu ambiente de trabalho. O governo deve também definir um quadro político que vise os trabalhadores expatriados nas ONG e nas multinacionais.

5.5. Sugestões para estudos futuros

O facto de a maioria dos expatriados serem mulheres é uma mudança em relação à tendência normal e deve ser investigado para determinar por que razão há cada vez mais mulheres envolvidas em missões internacionais do que homens. Deveria ser realizado um estudo semelhante para descobrir como os expatriados quenianos estão a lidar com os desafios noutros países. Para além disso, como a maioria dos expatriados são mulheres, é importante realizar um estudo para determinar as estratégias que utilizam para sobreviver em missões multinacionais. Deveria também ser efectuado um estudo semelhante entre os trabalhadores expatriados de empresas multinacionais.

REFERÊNCIAS

Adler, N. (1987) Pacific base managers: A Gaijin, not a woman, *Human Resource Management,* vol. 26, n.° 2, pp. 169-19. 26, no. 2, pp. 169-19.

Adler, P. (1975) The Transitional Experience: An Alternative View of Culture Shock [A experiência de transição: uma visão alternativa do choque cultural]. *Journal of Humanistic Psychology 15, 4:13-23.*

Aycan, Z. (2007). Expatriate adjustment as a multifaceted phenomenon: Individual and Organizational Level Predictors, *The International Journal of Human Resource Management,* 8 (4); 434-456.

Banya K (1998) *NGOs as Partners in Africa: A Cultural Analysis of North-South NGO Relations, International Development Cooperation*, Florida International University & Juliet Elu, Spelman College

Barber, M e Bowie, C. (2008) *How International NGOS Could Do Less Harm and More Good Development in Practice,* Volume 18, Número 6, novembro de 2008, Routledge Taylor and Francas Group.

Barto, K. M. e Martin, D.C. (2008), *Human Resource Management* (3rd Ed.) Boston: Irwin McGraw-Hill.

Bell, M.P. & Harrison, D.A. (1996), Using Intra-National Diversity for International Assignments: A Model of Bicultural Competence and Expatriate Adjustment. *Human Resource Management Review,* 6 (1), 47-74.

Bennett, J.M. (1977) Transition Shock: Putting Culture Shock in Perspective. *International and Intercultural Communication Annual 4:45-52.*

Berinsky, A. J. (2008). Survey non-response. Em W. Donsbach & M. W. Traugott (Eds.), The SAGE handbook of public opinion research (pp. 309-321). Thousand Oaks, CA: Sage Publications.

Best, J. W. e Kahn, J. V. (1998). *Research in Education* (3rd Ed.). Nova Iorque: Longman.

Black J & Gregersen B 1999, "The Right Way to Manage Expats", *HarwardBusiness Review,* vol. 77, no. 2, pp. 52-63.

Black, J. S, e Mendenhall, M. (1991) "The U-Curve Adjustment Hypothesis Revisited: A Review and Theoretical Framework". *Journal of International Business Studies* 22, 2:225247.

Black, J. S., Mendenhall, M.E. & Oddou, G. (1991), Towards a Comprehensive Model of International Adjustment: An Integration of Multiple Theoretical Perspectives. *Academy of Management Review,* 16(2), 291-317.

Caliguiri, P. M., e Cascio, W. F. (2008). Podemos mandá-la para lá? Maximizing Women on Global Assignments. *Journal of World Business,* 33 (4); 394-416.

Chung, T. 1991, Culture: A key to management communication between the Asian-Pacific area and Europe, *European Management Journal,* vol. 9, no. 4, pp. 419-424.

Church, A.T. 1982. "Sojourner Adjustment". Psychological Bulletin 91, 3:540 572.

Cook, J. (2000) Going a long way (Baby), Human Resource Executive, pp. 87-89.

Creswell, J. W. (2008). Educational Research: Planning, Conducting, and Evaluating Quantitative and Qualitative Research (Investigação Educacional: Planeamento, Condução e Avaliação da Investigação Quantitativa e Qualitativa). Upper Saddle River, NJ. Pearson Education, Inc.

Creswell, J.W. (2012). Educational research: Planning, conducting, and evaluating quantitative and qualitative research. Upper Saddle River, NJ: Prentice Hall

Dolainski, S. (1997) Are Expats Getting Lost In The Translation? Workforce Journal, vol. 76, iss. 2, pp. 32-39.

Elashmawi, F. (2000). Negociação intercultural. New Straits Times 8.

Elashmawi, F., e Harris, P. R. (2003), *Multicultural Management:* New Skills for Global Success. Houston: Gulf Publishing Company.

Explorable.com (11 de abril de 2009). Técnicas de amostragem estatística. Recuperado em 19 de dezembro de 2013, de Explorable.com:http://explorable.com/statistical-sampling-techniques.

Fish, A. e Wood, J. (2006), A review of expatriate staffing practices in Australian business enterprises. *International Journal of Human Resource Management,* 7 (4); 846-865.

Foster, N. (2000). Expatriados e o impacto da formação intercultural, *Human Resource Management Journal,* 10(3), 68-78.

French, J. R. P., Jr, Rodgers, W e Cobb, S. (1974). Adjustment as Person-Environment Fit, in G. V. Coelho, D. A. Hamburg, t J. E. Adams (Eds.), Coping and adaptation. Nova Iorque: Basic Books.

Furnham, A. & Bochner, S. (1986) Culture Shock: Psychological Reactions to Unfamiliar Environments, Londres: Methuen.

Gordon, A. 2003. How to cope with culture shock [Em linha], Disponível: http://studentservices.engr.wisc.edu/international/cultureshock.html [2003, 12 de junho].

Grove, C. e Hallowell, W. 1997. Guidelines for women expatriates [Em linha], Disponível: http://www.bcsolutionsmag.com/Archives/Nov1997/women.html, [2003, 11 de junho].

Gullahorn, J. E. e Gullahorn, J.T (1963) "An Extension of the U-Curve Hypothesis. *Journal of Social Issues 19:33-47.*

Halcrow, A. (1999) Expats: The Squandered Resource Workforce, vol. 78, iss. 4, pp. 42-48.

Harrisons, K. (1994), Developing successful expatriate managers, A framework for the Structural design and strategic alignment of cross-cultural training program. Planeamento de Recursos Humanos, 17(3), 17-35.

Harvey, M. e Fung, H. (2000). Expatriate managers: The Need for Realistic Relocation Reviews, *International Journal of Management,* 17, 151-159.

Hayes, C. (1996) *The Intrigue of International Assignments,* Black Enterprise, vol. 26, iss. 26, iss. 10, p. 98.

Hill, Charles W. (2007) *International Business,* 6ª ed. Nova Iorque: McGraw-Hill, 2007.

Hodge, S. 1999. Success strategies for women in international business (Online), Disponível: http://www.speaking.com/articles html/SheidaHodge,MBA 724.html [2003, junho 11].http://studentservices.engr.wisc.edu/international/cultureshock.html [2003, 12 de junho]. http://www.grovewell.com/pub-expat-women.html [2003), 1 de junho].

Hutchings, K. e Ratnasari, S. W. (2006), Cross-cultural Non-work Transition Stress: Domestic Transferees in Indonesia, *Cross Cultural Management: An International Journal,* 13 (2), 114-131.

Jayawickrama S (2011) Developing Managers and Leaders: *Experiences and Lessons from International NGOs,* A HAUSER Center- HHI Special Report October 2011, Havard University.

Jun, Sunkyu, Gentry, James W. & Hyun, Yong J. (2001), Cultural adaptation of business Expatriates in the host marketplace, *Journal of International Business Studies,* 32 (2), 369377.

Kangethe W.W (2012) *Use of Expatriates by Barclays Bank of Kenya to Transfer Managerial Skills as an Entry Strategy,* School of Business, University of Nairobi, Kenya.

Kitsuse, A. (1992) *At Home Abroad,* Across the Board, vol. 29, iss. 9, p. 34. 29, iss. 9, p. 34.

Lazarus, R.S. & Launier, R. (1978) *Stress-Related Transactions between Person and Environment.* Em L.A. Pervin e M. Lewis (Eds.), Perspectives in interactional psychology, 287-327, Nova Iorque: Pleum.

Lysgaard, S. (1955) Adjustment in a Foreign Society: Norwegian Fulbright Grantees Visiting the United States. *International Social Science Bulletin* 7:45-51.

Marcuello, C. Organizational Problems of Non-Governmental Organizations (NGOs), *The Journal of Turkish Weekly,* International NGO Conference, 9-10 de dezembro de 2006, Canakkale, Turquia.

Mead, R. (1990) *Cross Cultural Management Communication,* Wiley, Nova Iorque.

Meckman, S. 2002. *What really gets done?* Maximizing the success of women on overseas assignments [Em linha], Disponível: http://www.grovewell.com/pub -expat-women.html [2003, junho.

Melles, R. 2002. *Eles falam inglês, por isso vai correr tudo bem!* Não tão depressa, Canadian HR Reporter, vol. 15, iss. 15, iss. 16, p. 11.

Merriam, S. B. (1998). *Qualitative Research and Case Study Applications in Education,* São Francisco, CA: Jossey-Bass Publishers.

Mohammad, J.M (2013), Orientações práticas para a realização de investigação. Resumo das boas práticas de investigação de acordo com a norma DCED.

Moss, C. (2000) *Expat living - dealing with transition* [Em linha], Disponível: http://www.expatvillage.com/community/ [2003, 11 de junho

Mugenda, D.M & Mugenda, A.G. (1999). *Métodos de investigação, abordagens qualitativas e quantitativas*. Nairobi: Acts Press

Mukasa S. (2009) *Are Expatriate Staff Necessary in International Development* NGOs? A Case Study of an International NGO in Uganda, CVO International Working Paper 4.

Muriuki S.K (2012) *Factores que influenciam a adaptação cultural dos expatriados na Universidade Aga Khan,* Hospital, Quénia, e *na* Universidade de Nairobi, Quénia.

NGO Coordinating Board, *Break Fast Meeting with International NGOs operating in Kenya*, Relatório de um pequeno-almoço organizado entre o NGO Coordinating Board e as ONG internacionais que operam no Quénia na terça-feira, 9 de novembro de 2010, no Intercontinental Hotel, Nairobi.

Oberg, K. (1954) "Culture Shock". Debate na Reunião Regional do Meio-Oeste do Instituto de Educação Internacional, Chicago, 28 de novembro de 1951. Obtido em http://www.smcm.edu/Academics/interna tionaled/Pdf/cultureshockarticle.pd

Paige, R. M. (1993) Education for the Intercultural Experience. Yarmouth, ME: Intercultural Press.
Polit, D.F., Beck, C.T. e Hungler, B.P. (2001), *Essentials of Nursing Research: Methods, Appraisal and Utilization.* 5ª edição, Philadelphia: Lippincott Williams & Wilkins.

Prescott, P.A. e Soeken, K.L. (2009). Potential uses of pilot work. *Investigação em Enfermagem* 38.

Rodrigues, C. 1997. Developing expatriates' cross-cultural sensitivity: cultures where "your culture's OK" is really not OK, *The Journal of Management Development,* vol. 16, iss. 9, p. 690-702.

Searle, W. & Ward, C. (1990) the Prediction of Psychological and Socio-Cultural Adjustment during Cross-Cultural Transitions, *International Journal of Intercultural Relations,* 14, 449-64.

Selmer, J. (2002) Practice Makes Perfect? International Experience and Expatriate, Adjustment, *Management International Review,* 42, 1, 71-87.

Selmer, J. 2001. The Preference For Pre Departure Or Post Arrival Cross-Cultural Training, An Exploratory Approach, *Journal of Managerial Psychology,* vol. 16, iss. 16, iss. 1, p. 50

Semere, H, Marcus, J. e Tsegai, E (2007) Challenges facing expatriate performance abroad, *International Journal of Business Research*, International Academy of Business and Economics Audience: Academic, ISSN: 1555-1296, número 5.

Sok. A (2004) Organizational Problems of Non-Governmental Organizations (NGOs), *Journal of*

Turkish Weekly (JTW), International Strategic Research Organization.

Stahl, G. (2000) Between Ethnocentrism and Assimilation: An exploratory Study of the Challenges and Coping Strategies of Expatriate Managers, *documento apresentado na Conferência da Academia de Gestão,* 4-9 de agosto.

Tahir, A.H.M. e Ismail, M. (2007) Cross-Cultural Challenges and Adjustments of Expatriates: A Case Study in Malaysia, *Turkish Journal of International Relations,* Vol. 6, No.3 & 4, outono & inverno.

Tan, B. 2002. Researching managerial values: A cross-cultural comparison, *Journal of Business, Research,* vol. 55, iss. 10, pp. 815-821.

Treven, Sonja (2003). International training: The training of managers for assignment abroad, Educação + Formação, 45 (8/9), 550-557.

Tung, R. L. (1998). American expatriates abroad : From neophytes to cosmopolitans, *Journal of World Business,* 33 (2) ; 125-144.

Wiersma, M. (1986). *Métodos de Investigação em Educação.* Routledge: Londres.

Yamaguchi, I. 1999. Effects of national culture and organizational types of workers on the job-related orientations of Japanese, US and Australian employees, *Leadership & Organization Development Journal,* vol. 20, iss. 20, iss. 1, pp. 36-45.

Zimmermann, A., Holman, D. e Sparrow, P. (2003) Un-ravelling adjustment mechanisms, adjustment of German expatriates to inter-cultural interactions, work, and living conditions in the People's Republic of. China. *Revista internacional de gestão intercultural,* 3 (1), pp. 45-66.

MIX
Papier aus verantwortungsvollen Quellen
Paper from responsible sources
FSC® C105338

Printed by Books on Demand GmbH, Norderstedt / Germany